W0174602

Kathrin Hofmeister (Text)
Christa Brand (Fotos)

Gärten in Blau

Gestaltungsideen und Inspirationen

Seite 1: *Die Glockenblume 'Sarastro'* (Campanula punctata *x* trachelium), *für Sonne wie Halbschatten geeignet, entstand aus zwei Wildarten. Wird Verblühtes entfernt, bringt sie unermüdlich neue, enorm große Glocken.*
Seite 2/3: *Über dem blauen Meer von Ehrenpreis 'Knallblau'* (Veronica austriaca *ssp.* teucrium) *schweben die lachsrosafarbenen Blüten des Türkenmohn 'Aslahan'* (Papaver orientale). *Salbei, den man normalerweise mit einer Farbpalette von Himmelblau bis Tiefviolett kennt, wartet hier mit der weißen Sorte 'Adrian'* (Salvia nemorosa) *auf.*
Seite 4: *Lavendel* (Lavandula angustifolia) *ist eine ideale Einfassungspflanze. Nach der Blüte um ein Drittel eingekürzt, bleibt die Dufthecke in Form.*

Inhalt

Vorwort

Blau leuchtet weit wie der Himmel, schimmert wie das azurfarbene
schers aus. Kein anderer Farbbereich kann vom Auge so differenzier
Das macht das Kolorit von Enzian und Saphir ebenso interessant wie
druck senkt, die Atmung gleichmäßiger fließen lässt und das Kreis
Gestaltungsmittel für Gärten zum Entspannen und Genießen.

Geschichtlich betrachtet ist Blau Gold wert: Man wog das aus dem
kostbaren Lapislazuli-Stein gewonnene Farbpigment Ultramarin
in Gold auf. Schon die Ägypter wussten seine Lichtechtheit, die
über Jahrhunderte erhalten bleibt, zu schätzen. Ebenso beständig
wie Ultramarin seine Leuchtkraft auf Gemälden bewahrt, hält sich
Blau seit dem 14. Jahrhundert als beliebteste Farbe der Europäer.
Im Mittelalter feierte man Blau als das „Wunder der himmlischen
Herrlichkeit". Doch es gab auch „ketzerisches Blau". Als Indigo
Mitte des 16. Jahrhunderts über Holland aus Ostindien eingeführt
wurde und dem einheimischen Färberwaid Konkurrenz machte,
stellte man dessen Gebrauch in Sachsen, England und Frankreich
unter Todesstrafe. Dennoch ließ sich der Siegeszug der ausdrucksstarken Färberpflanze nicht aufhalten. Mit ihrer Hilfe konnte man
die schönsten Blautöne erzeugen, von Perlfarb bis Türkischblau.

Meer, strahlt die Kühle eines Glet-
wahrgenommen werden wie Blau.
geheimnisvoll. Als Farbe, die den Blut-
aufsystem beruhigt, ist sie das ideale

Sir Isaac Newton lieferte 1672 mit der Zerlegung des weißen
Lichts in seine Spektralfarben eine physikalische Erklärung für das
wundersame Blau. Wenn man so will, ist die Farbe der Sehnsucht
Lichtstrahlung der Wellenlänge von 436 bis 495 Nanometer.
Mit einer „Farbenlehre für Blinde", wie Johann Wolfgang von
Goethe Newtons Erkenntnisse verächtlich nannte, wollte sich der
Dichter und Denker nicht zufrieden geben. Für ihn entstand Blau,
wenn „die Finsterniß des unendlichen Raums durch atmosphäri-
sche vom Tageslicht erleuchtete Dünste hindurch angesehen" wird.
Seine auf Naturbeobachtungen gegründete Farbenlehre hat neue
Aktualität erlangt. Gerade bei der Gartengestaltung interessieren
die persönlichen Empfindungen und Stimmungen, die eine Farbe
auslöst. Dabei können subjektive Erfahrungswerte ebenso prägend
sein wie kulturell bedingte Assoziationen: Ultramarin hat etwas

*Wie ein Scherenschnitt
steht die Stadt vor den
bläulichen Bergen am
Zürichsee. Farben
schwächen sich mit
wachsender Entfernung
ab. Die Landschaft
nimmt einen Blaustich
an.*

Heiliges, spätestens seit Michelangelo den Mantel der Gottesmutter in der Sixtinischen Kapelle überirdisch blau malte. Preußisch Blau wirkt dagegen streng. Schließlich prägten die mit Färberwaid gefärbten Uniformen des Preußischen Heeres die Bezeichnung für diesen heutigen Indigo-Farbton.

Um Farbtöne anschaulich benennen zu können, knüpft man ihre Bezeichnung an Dinge aus der belebten und unbelebten Natur. Neue Farbkreationen tragen beispielsweise Namen wie „Arktis" und in Neuengland wurden Scheunentore früher in „Schubkarrenblau" *(dump cart blue)* gestrichen. Lieblicher muten Farbbezeichnungen aus dem Pflanzenreich an, wie etwa Lavendel-, Enzian- und Veilchenblau.

Geht es an die Farbplanung für den eigenen Garten, kann die Gestaltung „ins Blaue hinein" Überraschungen parat halten. Der sichere Weg ist es jedoch, sich über seine Vorlieben im Klaren zu sein: Zählt man zu den anglophilen Gartentypen, die eine malerische Gartengestaltung in Pastelltönen bevorzugen, oder werden kräftige Farben bevorzugt?

Bei der Pflanzenwahl hält man es am besten mit den Romantikern und sucht nach den „Blauen Blumen", die zum persönlichen Glück verhelfen. Dies könnte das Vergissmeinnicht oder die Wegwarte sein – der Sage nach eine Jungfer, die am Wegesrand ihres Geliebten harrt und mit den ersten Sonnenstrahlen Ausschau nach ihm hält. Tatsächlich reagieren die Blüten auf Licht und Dunkelheit. Als wundersame Blume galt die Wegwarte aber auch aufgrund ihrer roten Verfärbung, sobald man sie in einen Ameisenhaufen warf. Ameisensäure senkt den pH-Wert und lockt dadurch das Rot im Farbstoff Anthocyan hervor. Das gleiche Phänomen lässt sich bei Boretsch beobachten, von dem Albertus Magnus bereits berichtet, dass er auf sauren Böden rötlich, auf alkalischen blau blühe. Beim Lungenkraut zeigt die Verfärbung von Blau nach Purpur den

Insekten an, dass die Blüte bereits befruchtet ist und weder Nektar noch Pollen produziert. Es lohnt sich, blaue Blumen genau zu beobachten, denn sie sind Verwandlungskünstler: Durch die Fernwirkung ihrer blauen Farbe erscheinen kleine Gärten größer. Kühles Blau verleiht sonnigen Sommerbeeten eine angenehme Frische. Und im Staudenbeet gleicht die Farbwirkung von Rittersporn und Sibirischer Schwertlilie dem faszinierenden Blau französischer Kathedralenfenster. Glückte den Glaskünstlern des

Die Wegwarte (Cichorium intybus) *öffnet sich bei Sonnenschein früh morgens und schließt sich mittags.*

12. und 13. Jahrhunderts die Komposition der blauen Gläser, zeichneten sich die Kirchenräume durch eine besondere Tiefe und geradezu mystische Atmosphäre aus. Ähnlich verhält es sich mit den Blautönen im Beet. Dringt Licht durch die Komposition, eröffnet sich eine neue Dimension. Morgen- oder Abendsonne verwandelt die Blüten im Gegenlicht gesehen in Edelsteine.

Wem die Nacht stets zu früh über den Garten hereinbricht, der schlägt der Dunkelheit mit dem blauen Garten ein Schnippchen, denn blaue Blumen leuchten bis in die Dämmerung. Echte „Mondscheingärten", in denen neben blauen und weißen Blumen Nachtdufter zum Zuge kommen, versüßen Berufstätigen den Feierabend. Wer die gärtnerische Herausforderung sucht, lässt Blau in allen vier Jahreszeiten die Hauptrolle spielen. Dabei tauchen nicht nur Pflanzen den Garten in königliches Blau, schillerndes Opal und üppiges Violett: Blau getünchte Gartenzäune, himmlische Tore, marinefarbene Keramikfische, sie alle bilden dekorative Blickfänge. Ein Garten im Schwedenstil spiegelt ein ganzes Lebensgefühl wider. Blau-weiß gestreifte Muster und freundliches Ambiente machen Lust, die Farbe von Himmel und Meer zu feiern.

Wer liebt sie nicht: eine Gänseblümchen-wiese voller frühlingsblauer Trauben-hyazinthen (Muscari armeniacum).

Blau und seine Eigenschaften

Jede Farbe ruft verschiedene Stimmungen und Gefühle hervor. Blau
empfunden. Die Impressionisten nutzten Blau, um Atmosphäre in
tengestaltung besteht die Kunst eines stimmungsvollen Ambient
Umgebung einzusetzen. Denn Leuchtkraft, Helligkeit und Intensitä
unterschiedlich wahrgenommen.

Für die Farbwahrnehmung spielt das Bewusstsein mit unseren
Erinnerungen und Erfahrungen eine bedeutende Rolle. Besucher,
die nacheinander in einen lichtblauen und einen sanftbraunen
Raum geführt wurden, empfanden das blau gestrichene Zimmer
bei identischer Raumtemperatur kühler als das braune. Da Blau
spontan mit Wasser assoziiert wird, stuft man es als kalte Farbe
ein. Je reiner das Blau ist, umso kühler wirkt es. Im Gegensatz
dazu lassen warme Farben wie leuchtendes Gelb und feuriges Rot
an Sonne und Glut denken.
Die so genannten Primärfarben Blau, Rot und Gelb, aus denen
sich alle anderen Farben mischen lassen, können eine lustig bunte
Mischung ergeben, wie man sie aus dem Bauerngarten kennt.
Allerdings sollte man darauf achten, Farben gleicher Intensität zu
mischen. Rein blaue Pflanzungen sind keine leichte Aufgabe.

wird als edel, kühl und geheimnisvoll
hren Bildern einzufangen. In der Gar-
larin, Blautöne in Harmonie mit ihrer
einer Farbe werden je nach Umgebung

*Blau ermuntert zum
Innehalten, zieht den
Betrachter magisch an.*

Kombiniert man Blumen derselben Farbe, tritt die Form in den
Vordergrund. Deshalb werden in monochromen Gärten Kontraste
von Blütenkerzen, Doldenblüten und Blattformen umso wichtiger.
Wählt man Blau als Grundthema, bieten sich vielerlei Variationen
an. Ton-in-Ton-Arrangements und verwandte Farbkombinationen
erscheinen stets harmonisch. Kontraste, wie sie Blau und Gelb
erzeugen, steigern sich aufgrund einer optischen Täuschung in
ihrer Wirkung.
In den Kontext gedämpfter Farben gestellt, wirkt Blau edel. Im
Garten bieten sich hierfür lindgrünes und silberlaubiges Blattwerk
sowie weiße Blütenpflanzen an. Die diskreten Farben halten sich
im Hintergrund und hofieren die königliche Farbe. Mystisches
Blau begegnet uns im Zwielicht oder in der Dämmerung, wenn die
geheimnisvolle Farbe ihre ganze Leuchtkraft entwickelt.

Ton-in-Ton: Gleich und gleich gesellt sich gern

Ton-in-Ton-Kombinationen wirken stets harmonisch, da die Farbschattierungen eng miteinander verwandt sind (▲).

Reine Blautöne, wie das Indigo mancher Rittersspornsorten *(Delphinium-*Hybriden*)*, lassen sich sehr gut mit hellblauen Glockenblumen *(Campanula persicifolia* ssp. *sessiliflora)* und lavendelblauer Katzenminze *(Nepeta* x *faassenii* 'Six Hills Giant'*)* kombinieren (▶). Geht das Blau stärker ins Violette, wird die Verbindung mit reinen Blautönen schwierig. Purpur mit seinem Rotanteil und Enzianblau mit einem Hauch von Gelb beispielsweise beißen sich. Etwas Verbindendes haben Pastelltöne. Sie können als ungesättigte Farben zwischen kräftigeren Tönen vermitteln. Insbesondere auf kleinen Flächen ist es meist ratsam, sich auf dezentere Farben und wenige Farbeindrücke zu beschränken und mit einzelnen Leuchtfeuern Akzente zu setzen. Solch ein Schmuckstück kann der Herbstenzian *(Gentiana sino-ornata)* sein, der als Hingucker auf Balkon und Terrasse ideal ist. So wie man einen Diamant schön fasst, bringt ein farblich abgestimmter Topf den Edelstein unter den blauen Blumen erst richtig zur Geltung (◀). Ton-in-Ton-Kombinationen lassen sich auch zwischen Pflanzen und Gegenständen schaffen.

Blau und Grün:
Eine frische Kombination

Ordnet man die Abfolge der Regenbogenfarben ringförmig an, erhält man den Farbkreis. Grün und Blau sind darauf Nachbarn. Sie stehen in einem harmonischen Verhältnis zueinander (▲). Da Grün die dominierende Farbe im Garten ist, besteht die Kunst nun darin, Grün gekonnt in blaue Farbkompositionen einzubetten. Lindgrüne Wolfsmilcharten *(Euphorbia segueriana)* erweisen sich dabei als wertvolle Partner. Grün besitzt die Fähigkeit, zu neutralisieren. Gelblichgrüne Blütenpflanzen werden daher gerne als Mittler zwischen verschiedenen Tönen eingesetzt.

Doch nicht nur die Blüten prägen einen Garten, eine ebenso große Rolle spielen die Formen. Sind die sternblütigen Kugeln des Riesenlauchs *(Allium aflatunense* 'Purple Sensation'*)* verblüht, zieren seine grünen Samenkapseln das Beet. Im blauen Storchschnabelmeer *(Geranium magnificum)* wird sein Auftritt bewusst inszeniert (◄). Ebenso reizvoll können Kombinationen aus Blütenpflanzen in sanften Blau- und Violetttönen und graugrünen oder bläulichgrünen Blättern sein.

Wie frisch Grün und Blau zusammen wirken, zeigt eine Auswahl an Keramiktellern und Schüsselchen. Die abwechslungsreichen Tonwaren ersetzen jede aufwändige Tischdekoration (►).

Blau und Gelb:
Himmel und Sonne

Auf dem Ostwaldschen* Farbkreis liegen sich Gelb und Ultramarinblau sowie Orange und Eisblau gegenüber. Die so genannten Komplementärfarben bilden den größtmöglichen Kontrast (▲). Hier gilt: „Gegensätze ziehen sich an". Die Farben steigern sich in ihrer Wirkung gegenseitig. Dass solche extreme Verschiedenheit harmonisch wirkt, belegt Farbexpertin Natur: der blauen Holländischen Iris *(Iris hollandica* 'Mystic Beauty'*)* hat sie gelbe Markierungen auf die zurückgebogenen Blütenblätter gezeichnet (◄). Bei solch unterschiedlichen Farben sollte man auf den gleichen Sättigungsgrad achten.

Die honiggelben Blüten des mehrjährigen Sonnenhuts *(Rudbeckia fulgida* ssp. *sulivantii* 'Goldsturm'*)* weisen die gleiche Intensität auf, wie der einjährige Mehlsalbei *(Salvia farinacea)* mit tiefblauen Blüten (►). Aller Farbtheorie zum Trotz verändern Beleuchtung und Wechsel der Luftfeuchtigkeit die Farben. Violetttöne erscheinen in kühlem Licht fast blau und erzielen mit ihren Nachbarpflanzen völlig neue Effekte. Der berühmte Staudengärtner Karl Foerster ermunterte daher: „Niemals soll man davon lassen, mit verwegenen Benachbarungen Versuche zu machen."

Wilhelm Ostwald (1853–1932), Farbtheoretiker und Nobelpreisträger für Chemie

Blau und Rosa:
Auf die Mischung kommt es an

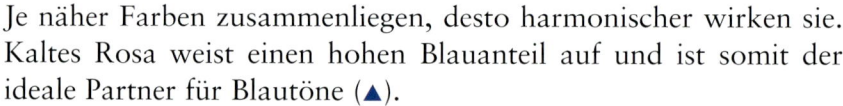

Je näher Farben zusammenliegen, desto harmonischer wirken sie. Kaltes Rosa weist einen hohen Blauanteil auf und ist somit der ideale Partner für Blautöne (▲).

An einem sonnigen Standort wirkt die Kombination von blauen Blumen wie Ehrenpreis *(Veronica teucrium* 'Kapitän'*)* und Rosenmeister *(Phuopsis stylosa* 'Purpurglut'*)* erfrischend (◄).

Innerhalb einer Art können blaue und rosafarbene Blüten vorkommen. Die blauen Blütenbälle der Bauern-Hortensie *(Hydrangea macrophylla)* stehlen jeder aufwändigen Floristik die Schau. Als dauerhafte Buketts stehen sie in Hausnähe am besten. Die rosaviolett blühenden Samt-Hortensien *(Hydrangea aspera)* mit den weißen Randblüten gehören dagegen in den offenen Gartenteil. Mit zwei bis drei Metern Höhe würden sie jeden Kübel sprengen (►). Eine Besonderheit blaublütiger Sorten der Bauern-Hortensie ist ihre Anpassung an die Bodenverhältnisse. Stellt der Boden der Pflanze nicht genügend Aluminium zur Verfügung, verfärbt sie sich rosa. Die blaue Färbung kann man durch Zugabe von Alaun bewirken. Die Kulturerde muss hierfür einen pH-Wert von 4–5,5 aufweisen. Basische Böden würden das gesamte Aluminium binden.

Parade im Prachtbeet: Rittersporne (Delphinium-Hybriden) präsentieren ihre Blütenlanzen, dazwischen halten die Türme des Fingerhuts (Digitalis purpurea) Wache.

Farbe mit Fernwirkung

Blau schimmern die Berge in der Ferne, bläulich hebt sich auch
grünen Wiesen ab. Was man in der Natur als malerische Szenerie
Gartengestaltung übertragen. Blau ist die Farbe, mit der man Weite
lässt den Garten tiefer und länger erscheinen. Je kleiner unsere Gär-
die Bedeutung blauer Blumen, Elemente und Accessoires als optische

„Je tiefer das Blau wird, desto mehr ruft es den Menschen in das
Unendliche", stellte der Maler Wassily Kandinsky fest. Reines
Blau erscheint kühl und besitzt die größte Tiefenwirkung.
Mischen sich Rotanteile in die Farbe, verflacht ihre räumliche
Wirkung.

Da das Auge bei der Wahrnehmung der Umgebung stärker auf
Helligkeitsunterschiede als auf Farbeigenschaften reagiert, spielen
Hell-Dunkel-Kontraste bei der Gestaltung mit Farbe eine entscheidende Rolle. Dunkle Farben scheinen zurückzutreten, blasse
Farben näher zu rücken. Gelb und Rot erscheinen dem Auge hel-
ler als Blau. Besonders wirkungsvoll ist daher die Platzierung von
kühlem, also reinem Blau hinter warmen Farbtönen. In der Beet-
gestaltung könnte der Aufbau den Landschaftsbildern der nieder-
ländischen Maler des 16. und 17. Jahrhunderts gleichen. Im Vor-

ler Wald im Hintergrund gegen die
eobachten kann, lässt sich auf die
ssoziiert. Die Fernwirkung von Blau
en werden, desto größer wird daher
Erweiterer.

Die blauen Blütenkerzen
des Rittersporns scheinen
den Betrachter förmlich
in den Garten zu ziehen.

dergrund dominieren Rottöne. Das Blau des Hintergrunds cha-
rakterisiert das Entferntliegende. Als Gehölze zur Rückendeckung
bieten sich blaublütige Ballhortensien *(Hydrangea macrophylla)*,
Bartblume *(Caryopteris* x *clandonensis)* und Blauraute *(Perovskia*
abrotanoides) an. Blaue Kletterpflanzen als abschließender Sicht-
schutz heben das Gefühl von Begrenzung auf. Wer die verlän-
gernde Wirkung von Blau erst einmal ausprobieren möchte, sollte
zunächst die einjährige Prunkwinde *(Ipomoea tricolor)* pflanzen.
Auf die Wirkung von Illusion bauten Künstler seit der Antike.
Wandmalereien erschlossen scheinbar neue Räume. Mit perspek-
tivischen Täuschungen, beispielsweise einem Mauergemälde, erweitert man den Garten um eine kreative Dimension. Ein solches
Bild, das die Weite provenzalischer Lavendelfelder zeigt, verlegt
den Terrassenplatz nach Südfrankreich.

Paradiesgärtchen
im pompejanischen Stil

In jedes Paradiesgärtchen gehört eine Madonnenlilie *(Lilium candidum)* – Symbol der Herzensreinheit und Unschuld. In einen Schleier blauer Katzenminze *(Nepeta)* gehüllt, wirkt ihr leuchtendes Weiß noch strahlender (▲).

Die Münchner Künstlerin Andrea Rosenberg beschäftigt sich seit mehreren Jahren mit den Wandmalereien Pompejis. Ihre von der antiken Malkunst inspirierten Werke malt sie je nach Gegebenheit direkt auf vorhandene Mauern (◄) oder fertigt Holztafeln an, die mit Zement und Farbe mehrfach grundiert werden.

Das im Jahr 79 n. Chr. durch den Vulkanausbruch des Vesuv verschüttete Pompeji war bekannt für seine kunstvollen Mauerbilder. Sprudelnde Quellen und Brunnen waren hierbei typische Elemente. Ein überliefertes Motiv ist das Fresko im Garten des Loreius Tiburtinus mit kleinem Wasserbecken und naturgetreuen Vogeldarstellungen, die sich in allerlei Bäumen tummeln. Die italienischen Vorbilder können Leitmotiv im blauen Garten sein. Lässt man die Mauer von einer Seite mit Kletterpflanzen wie Wildem Wein *(Parthenocissus tricuspidata)* beranken (►), verwischen die Grenzen zwischen ·wirklichem Garten und idyllischem Wandbild.

Atriumgarten, inspiriert von Portugals Azulejos

Die Geschichte der „Azulejos", der kleinen, viereckigen Wandfliesen, beginnt mit dem Unbehagen vor einem leeren Zimmer, einer kahlen Wand. Am Anfang dieses Gartens stand der ungenutzte Raum: Siebzig Quadratmeter, eingeschlossen in hohe Mauern. Auf der Suche nach Gestaltungslösungen stießen Gartenbesitzer und Architekt auf die kunstvolle Fliesendekoration von Palästen, Gärten und Innenräumen im iberischen Kulturraum und ließen sich hiervon inspirieren. Durch flächige Verwendung des attraktiven Musters von blauem Viereckstein und Handschlagklinker entstand ein lebhaftes Bild (▶). Um dem Atriumgarten Tiefenwirkung zu geben, wurde eine Pergola nach historischem Vorbild eingezogen. An ihr schwingt sich die hellviolett blühende Glyzine *(Wisteria sinensis)* in die Lüfte.
Die Blumenwahl wurde auf Weiß- und Blaublütige wie Ballhortensien *(Hydrangea macrophylla)* (▲) beschränkt.
Buchsbaum wiederholt die runden Formen blauer Kugeln und setzt Akzente in der tiefer gelegten Kiesfläche (◀). Durch die Stufung wird die kleine Fläche gegliedert, und sogar ein Wasserbecken findet noch Platz. So ermöglicht die Schattenkante aus Klinker Vielfalt auf kleinstem Raum.

Im Bauerngarten werden bewährte Pflanzen verwendet, die, wie diese Klematis (Clematis viticella), reich blühen und sich als robust erweisen.

Beständigkeit
im Bauerngarten

Die Kohlpflanze hat eine über 3000 Jahre alte Tradition im Bauerngarten. Heute in Zierform ein begehrtes Schmuckobjekt (▲), zählte Kohl in den reinen Nutzgärten der Germanen zur Grundnahrung. Im umzäunten Stück Land tummelte sich einst auch das Federvieh, heute ersetzt durch die Henne aus Ton (◄). Ursprünglich entstand der Garten aus der Notwendigkeit, sich vor Feinden und wilden Tieren zu schützen und gleichzeitig das eigene Vieh zusammenzuhalten. Es bildete sich „das Eingefasste", indogermanisch „ghortos", der Garten, heraus. Mit den Römern verfeinerte sich die Gartenkunst. Klosterbrüder bestückten den Bauerngarten mit Medizinalpflanzen, die Renaissance öffnete die Gartentore für Zierpflanzen. Die Zweiteilung von Nützlichem und Schönem hat sich erhalten. In der Mitte wächst Gemüse, außen herum die Blumen (►). Alles, was sich als robust erweist, wie blaue Akelei *(Aquilegia vulgaris)*, darf bleiben. Geblieben ist auch der Zaun. Eine besondere Flechtkunst ist das „Bähen", bei dem Fichtenzweige durchs Feuer gezogen werden und die so biegsam gewordenen Ruten um zugespitzte Schwartlinge (Holzpflöcke) gelegt werden. Rosenkugeln, die früher böse Geister vertreiben sollten, ziehen heute eher Schöngeister an.

Blaue Blütenwolken
für die Sommersaison

Katzenminzen haben in letzter Zeit von sich reden gemacht. Sie zeigen sich blühfreudig und gesellschaftsfähig. Sehr schön ist die Kombination der Sorte 'Six Hills Giant' *(Nepeta* x *faassenii)* mit Wolfsmilch *(Euphorbia segueriana)* (▲). Als pflegeleichte Dauerblüher sind sie die erste Wahl für sonnige Plätze in durchlässigem Boden. Werden verblühte Rispen der Sommerblüher immer wieder entfernt, verlängert sich die Blütensaison bis in den Oktober. Vor der Blüte fallen Katzenminzen durch ihr graublaues Blattkleid positiv auf. Außerdem haben sie das gewisse Etwas, nämlich Duft. Katzen zieht ihr würziges Parfüm magisch an. Sollen Schmusekater davon abgehalten werden, sich in den Polstern zu wälzen, steckt man vor der Blüte ein paar Zweige um die Pflanze. Das stützt gleichzeitig die Blütenkerzen.

Natürlich kann auch das Lagern der grazilen Rispen seinen Reiz haben. Wogt das Blau der Katzenminzen wie eine Welle über die Beete, wird der Garten optisch erweitert. Besondere Fernwirkung erzielt man mit der langrispigen Sorte 'Walker's Low' (▶).

Ein weiteres Highlight im wachsenden Katzenminzensortiment ist die 90 cm hohe *Nepeta subsessilis*, die es auch feuchter und halbschattig mag (◀).

Farbe des Wassers

Wasser ist blau – aber damit ist noch längst nicht alles gesagt
unendlich viele Variationen von kristallklarem Gebirgswasser übe
farbenen Mittelmeer. Selbst wenn man sich nur auf das Meer be
unterschiedliche Streuung des Lichts die verschiedensten Blautöne
in den Gestaltungsmöglichkeiten im und am Wasser genutzt werden.

Der Naturteich im Garten soll natürlich Monets herrlich blauem
Seerosenidyll gleichen. Je größer und tiefer der Teich ist, umso
größer sind die Chancen, ein Biotop zu schaffen, das sich selber
im Gleichgewicht hält. Vorausgesetzt, der Teich liegt mindestens
den halben Tag im Licht und wird nicht von nährstoffreichem
Laub angrenzender Gehölze überhäuft. Immer beliebter werden
Badeteiche, die sich in eine pflanzenfreie Schwimmzone und eine
reinigende Vegetationszone gliedern.
Der Teichrandgestaltung sollte besondere Aufmerksamkeit gewid-
met werden. Pflanzen, die naturgemäß am Wasser vorkommen,
wirken hier am harmonischsten. Sibirische Iris *(Iris sibirica)* beispielsweise nehmen mit ihren zahlreichen Sorten in allen Blautönen die Farben des Wassers wieder auf. Werden kleine Gruppen
mit Blattschmuckstauden kombiniert, ergibt sich ein interessantes

Schaut man genau hin, findet man
türkise Gletschermilch bis zum azur-
schränkt, zeigt das Wasser durch die
Die Vielfalt der Farbe Blau kann auch

Froschkönigs Lieblings-
spielzeug trägt im blau-
en Garten die Farbe des
Wassers.

Bild von Farbe und Form. Am Wasser bringt das Spiel von Farbe
und Gestalt zweifachen Gewinn, denn die spiegelnde Oberfläche
zeigt doppelt, „wer die Schönste im Lande ist". In den Haupt-
rollen überzeugen mal wieder die Blauen: die herzförmige Blau-
blattfunkie *(Hosta sieboldiana* 'Elegans'*)*, blaublütige Sorten der
Dreimasterblume *(Tradescantia)* und filigraner Storchschnabel
(Geranium himalayense 'Johnson's Blue'*)*. Im kleineren Rahmen
inszeniert Sumpfvergissmeinnicht *(Myosotis palustris)* ein blaues
Spektakel.
Auf wenig Raum wird man formalen Wasserbecken den Vorzug
geben. Quellstein oder Brunnen sorgen für die nötige Sauer-
stoffzufuhr. Kübelpflanzen wie blau blühender *Agapanthus* tragen mediterranes Flair ans Wasser. Sind maurische Wassergärten
Vorbild, zieren blaue Kacheln erhöhte Wasserbecken.

Goldfisch ahoi! Im blauen Garten ersetzen Keramikkarpfen und -stichling den repräsentativen Koi.

Wasserstellen:
Aus dem Vollen geschöpft

Wiesen-Schwertlilien *(Iris sibirica)* tauchen den Teichrand in tiefgründiges Blau (◄). Es gibt einige anspruchslose, vor allem ältere Sorten, die sich zum Verwildern und für die naturnahe Pflanzung eignen. Rund um formale Wasserbecken finden neuere, pflegeintensivere Züchtungen mit auffallenden Blüten eine geeignete Bühne. Nach dem großen Farbauftritt fechten die schmalen, schwertförmigen Laubschönheiten, deren Blätter fast an Ziergräser erinnern, mit anderen ausdrucksstarken Blattschmuckstauden einen Wettbewerb der Form aus.

Krebsscheren *(Stratiotes aloides)* sind wichtige Helfer auf dem Weg zu einem klaren Teich, denn sie halten Algenwuchs im Zaum (▲). Halb untergetaucht, wurzeln die Schwimmpflanzen nicht am Boden, sondern ernähren sich direkt aus dem Wasser.

Im Wasser tragen die runden Blätter der Seerosen stets den Sieg davon (►). Doch Vorsicht, ein völlig zugedeckter Teich erhält kein Licht mehr und kommt unter Sauerstoffmangel aus dem Gleichgewicht. Seerosensorten sollten stets nach der Größe und Tiefe des Teichs ausgesucht werden. Im Miniteich kommen nur schwachwüchsige Zwerg-Seerosen, beispielsweise Sorten von *Nymphaea pygmaea*, in Frage.

Die schönsten blauen Blumen

In der Romantik wurde die Blaue Blume zum Inbegriff der sehnsucht
Glück: „Nicht die Schätze sind es, die ein unaussprechliches Verlange
ling in Novalis' *Heinrich von Ofterdingen*, „aber die blaue Blume sehr
chenhelden und Romantiker mühsam nach den wundersamen Blüm
Palette blauer Blumen zur Verfügung.

Ein dauerhaftes Vergnügen bereiten Stauden, die Jahr für Jahr wiederkehren. Einer ihrer imposantesten Vertreter ist der Rittersporn *(Delphinium)*. Der berühmte Staudengärtner Karl Foerster hinterließ zahlreiche Sorten, von hellblauem „Gletscherwasser" über mittelblauen „Jubelruf" bis hin zu nachtblauem „Tempelgong". Sein tief enzianfarbener „Finsteraarhorn" weist jenes magische Blau auf, das in der Pflanzenwelt eher selten auftritt. Einheimischer Eisenhut *(Aconitum napellus)* ist ebenso tiefblau wie hochgradig giftig. Ehrenpreis *(Veronica)* tut sich mit einigen leuchtend blauen Blüten hervor. Oft verrät der Sortenname die Farbe, wie bei *Veronica teucrium* 'Knallblau' oder *V. peduncularis* 'Georgia Blue'. Unter den staudigen Salbeiarten besitzen *Salvia nemorosa* 'Blauhügel' ein reines, die etwas frostempfindliche *Salvia uliginosa* ein Wasserblau. Spricht man dagegen vom Blau der Glocken-

vollen Suche nach dem höchsten
n mir geweckt haben", sagt der Jüng-
ch mich zu erblicken." Mussten Mär-
chen suchen, steht uns eine breite

Sommerenzian (Gentia-
na septemfida *var.* lago-
dechiana) *liebt es sonnig
und wirkt gut in Stein-
anlagen.*

blumen *(Campanula)*, zeigt sich bei näherem Hinsehen meist ein
Hang zum Hellblauen oder Violetten. Lavendel betört mit seinem
Duft und Lavendelblau. Die Bartiris *(Iris barbata)* trägt zu Recht
den Namen „Blume des Regenbogens". Die Blüten ihrer Schwes-
ter, der Sibirischen Iris *(Iris sibirica)* verschwimmen, in Gruppen
gepflanzt, zu einem wunderschönen blauen Meer. Doch so blau,
dass der Anblick trunken macht, ist nur einer – der Enzian *(Gentiana)*. Im Gebirge leuchtet er besonders intensiv, denn hohe
Strahlung und niedrige Temperatur in Höhenlagen fördern die
Bildung der blauroten Farbstoffe. Auslese und Züchtung haben
aber auch blaubeständige Sorten für das Flachland beschert. Wie
bei allen Pflanzen sollte man bei ihm auf die Boden- und Licht-
ansprüche achten. Manchmal entscheiden schon die Gegeben-
heiten im Garten über die Wahl der Pflanzen.

Rittersporn
(Delphinium 'Waldenburg')

Beim Rittersporn bieten drei Gruppen reiche Sortenauswahl: die blühfreudigen, etwa ein Meter hohen *Belladonna*-Hybriden, die standfesten, 1,60 bis 1,80 cm hohen *Elatum*-Hybriden und die ebenso hohen, großblütigen *Pacific*-Hybriden. Die Beetstauden für sonnige Standorte bringen einen zweiten Flor, wenn man sie nach der ersten Blüte im Juli zurückschneidet.

Glockenblume
(Campanula latifolia)

Die sommerblühenden Glockenblumen gibt es in Höhen von 10 bis 100 cm und für die verschiedensten Standorte. Unter den Hohen besticht in der sonnigen Rabatte *Campanula lactiflora*, im Schatten die Waldglockenblume *(C. latifolia)*. Polster bildende Arten *(C. carpatica, portenschlagiana* und *poscharskyana)* eignen sich für Steingarten und Beeteinfassung.

Himalayamohn
(Meconopsis betonicifolia)

Von einem magischen Blau ist der aus dem tibetischen Hochland stammende Himalaya- oder Scheinmohn. Er blüht von Juni bis Juli. An Plätzen, die ihm zusagen – beispielsweise zwischen Rhododendren – kann er sehr langlebig sein. Heiße, trockene Sommer setzen dem etwa 90 bis 120 cm hohen Hochalpinisten aus kühleren Regionen jedoch zu.

Spricht man von Schwertlilien, bezieht man sich meist auf die aus Bauerngärten bekannten Bartiris *(Iris germanica, syn. barbata)*, unterteilt in hohe *(Elatior*-Gruppe, siehe Bild), mittlere *(Media)* und niedrige *(Nana)* Arten. Wurzelrhizome sollte man am besten nur halb auf vollsonnigen Gartenplätzen mit gutem Wasserabzug eingraben. Zu tief eingepflanzte Exemplare faulen leicht.

Schwertlilie
(Iris-Hybride 'St. Louis Blues')

Sonnenkinder sind auch die verschiedenen Ehrenpreis-Bläulinge von bodendeckenden Arten *(Veronica armena* und *V. prostrata)* über 20 bis 50 cm hohe *(V. spicata, gentianoides* und *V. austriaca* ssp. *teucrium)* bis zu den 80 cm aufstrebenden Blütentürmen der Sorte 'Blauriesin' *(V. longifolia)*. Die Blütezeit der anspruchslosen Stauden liegt im Frühsommer.

Ehrenpreis
(Veronica austriaca 'Kapitän')

Nicht nur in der Mode gibt es verschiedene Trends: Storchschnäbel sind ausgesprochen modern. Ob als Steingartenjuwel, Beetstaude, Rosenkavalier oder Schattenspezialist, die Sortenvielfalt bietet viel versprechende Zukunftschancen. Neben dem sommerlichen Blütenzauber bestechen viele Sorten durch ihr hübsches Laub, das sich im Herbst zum Teil leuchtend färbt.

Storchschnabel
(Geranium 'Johnson's Blue')

Rittersporn (Delphinium) *in verschiedenen Blautönen ist die Leitpflanze in der englisch inspirierten Rabatte.*

Die Farbe von Himmel und Meer als Leitmotiv

Vom Frühling bis zum Herbst ist hier Blau das Leitthema für die vier gleich großen Blumenrabatten (▲).

Den ersten Höhepunkt setzt Rittersporn im Frühsommer (siehe Bild vorherige Seite). Und das im wahrsten Sinn des Wortes, denn die etwa 1,20 Meter hohen Blütenkerzen der *Belladonna*-Hybriden ragen wie Leuchttürme aus dem blauen Blütenmeer. Die Sorten dieser Gruppe lassen sich leicht aus Samen ziehen. Während der Blütezeit werden die Blautöne, die ins Farbkonzept passen, ausgelesen. Dabei findet bereits der Herbstaspekt Berücksichtigung. Schneidet man Rittersporn nach der ersten Blüte handbreit über dem Boden zurück (Achtung: die frisch austreibenden Stauden vor Schneckenfraß schützen!) und gibt eine mineralische Düngung, bringt die remontierende Staude einen Nachflor im Herbst. Die linear aufstrebenden Blüten bilden einen interessanten Kontrast zu den kuppelförmigen und breitbuschigen Herbstastern (◄). Hohe Pflanzen rücken in den Hintergrund, niedrige ducken sich vorne im Beet, sodass alle sichtbar bleiben. Nach dem Vorbild englischer „borders" stehen die Blumen dicht an dicht. Lücken werden mit ausgefallenen Einjährigen wie dem Buntschopfsalbei *(Salvia viridis)* gefüllt (▶).

Faszination Felssteppe

Vollsonnige, trockene Standorte im Garten bieten ideale Voraussetzungen für artenreiche Pflanzungen. Nach dem Vorbild der mitteleuropäischen Trockenrasen, der Garrigues des Mittelmeerraums, der Kurzgrasprärien Westamerikas und eurosibirischer Steppen lässt sich eine faszinierende Erlebniswelt aromatisch duftender, intensiv leuchtender und beschwingt geformter Pflanzen entwerfen. Die Farbe Blau prägt das Bild steppenartiger Pflanzungen. Silberblaue Blattschmuckstauden, beispielsweise Steppenbeifuß (Artemisia ludoviciana 'Silver Queen') (◀) spielen als Vermittler zwischen Blütenleuchtfeuern eine entscheidende Rolle. Als Ausläufer bildende Art knüpft der Diplomat unter den Pflanzen schnell Kontakte. Eine ausreichend große Fläche sollte daher zur Verfügung stehen. Auf kleineren Flächen bieten sich teppichbildende Edelrauten (Artemisia schmidtiana 'Nana') und andere graublaue Blattschönheiten an.

Mit weißfilzigem Blattwerk besticht der Silberblattsalbei (Salvia argentea). Als zweijährige Pflanze bildet er im ersten Jahr eine Rosette und kommt im zweiten Jahr, wie hier zwischen blauer Katzenminze (Nepeta x faassenii 'Six Hills Giant'), zur Blüte (◀). Solche so genannten „Blender", die in Neuanlagen für ansprechende Optik sorgen, sichern ihren Fortbestand an zusagenden Plätzen durch Selbstaussaat. Wo sie zu massiv werden, greift man korrigierend ein.

Charakteristisch für blühende Felssteppen ist die lockere Vegetation auf stein- und feinschuttreichem Boden. Die abgemagerten Böden – vor der Pflanzung sollte normale Gartenerde mindestens zur Hälfte mit Kies oder Granitgrus und Sand durchmischt werden – bieten Wärme und Sommertrockenheit liebenden Wildstauden beste Bedingungen. Eine typische Steppenheidepflanze ist der blaue Staudenlein (Linum perenne). Die Sorte 'Saphir' (◀) bleibt etwas niedriger als die 30 cm hohe Art und verzweigt sich stärker. Solch filigrane Geselligkeitspflanzen werden als Füllstauden in größerer Anzahl eingesetzt und schaffen weiche Übergänge von einer Pflanzenart zur anderen. Ziel der Felssteppenkomposition ist es, die verschiedenen Pflanzen wie in der Natur ineinander fließen zu lassen. Zum natürlichen Erscheinungsbild zählt auch die Höhenstaffelung. Kleinsträucher wie die aromatisch duftende Blauraute *(Perovskia abrota-noides)* können als Leitpflanze vereinzelt eingesetzt werden. Dazu gesellt sich das kandelaberförmig verzweigte Eisenkraut *(Verbena bonariensis)* mit seinen kompakten violetten Blüten-köpfen (▶). In unserem Klima einjährig gezogen, versamt es sich meist von selbst. Da es seine grafische Wirkung jedoch erst ent-falten kann, wenn es in größeren Gruppen gesetzt wird, sollte man immer genügend Lückenfüller für die nächste Sommer-saison vorziehen.

In der Felssteppe kommt der Form eine ebenso große Bedeutung zu wie der Farbe. Gräser haben daher ihren festen Platz in der steppenähnlichen Anlage. Als Form- und Texturkontrast zu Blütenstauden sind sie von unschätzbarem Wert. Doch anders als in der Natur, wo Gräser weite Flächen dominieren, sollten sie im Garten nicht in Massen auftreten. Einzeln eingesprengte Büschel, beispielsweise des Orientalischen Lampenputzergrases *(Pennisetum orientale)* wirken wie Wunderkerzen im blauen Blütenmeer von Katzenminze und Zierlauch (▶). Die purpurfar-benen „Böller" der Zwiebelblume *(Allium sphaerocephalum)* schweben auf 100 cm hohen Stielen über dem Beet. Neben den sommerblühenden Zierlaucharten bereichern frühlingsblühende Zwiebelblumen die Felssteppe. Der Blütenhöhepunkt solcher Anlagen liegt meist im Frühsommer und erlebt mit der Formen-vielfalt der Gräser im Herbst einen zweiten Höhepunkt. Die tol-len Knollen sorgen dafür, dass die Anlage schon zeitig im Jahr attraktiv wirkt und sind bis zur Hochsaison der Stauden schon lange wieder verschwunden.

So sonnig der Standort sein soll, so strahlend präsentieren sich die Pflanzen. Denn viele Felssteppen-Vertreter blühen gelb. Blaue Partner sind daher als Kontrast unentbehrlich. Besonders beein-druckend zeigt sich die Kugeldistel *(Echinops ritro* 'Veitch's Blue'*)* mit ihrem wehrhaften, kurz bedornten Blattwerk und den leuchtend stahlblauen Köpfen (▶). Der Insektenmagnet liefert übrigens ausgezeichnete Schnittblumen. Durch ihre unkompli-zierte Natur eignen sich Kugeldisteln auch zum Verwildern.

Natürliche Sukzession wird in der Felssteppe jedoch nicht ange-strebt. Arten, die überhand nehmen, werden bei Bedarf redu-ziert. Als Faustregel gilt: je länger eine Pflanzung stabil bleiben soll, umso lockerer wird sie gepflanzt.

Nach Vorlagen aus dem 18. Jahrhundert wurde dieses Sommer-blumenbeet mit aufstrebendem Eisenkraut (Verbena bonariensis), *blauvioletter Vanilleblume* (Heliotropium), *weißem Ziertabak* (Nicotiana), *Buntschopfsalbei* (Salvia viridis), *Silberblatt* (Senecio bicolor) *und Leberbalsam* (Ageratum houstonianum) *entworfen.*

Erleuchtendes im Schatten

„Grün und Blau treten im Halbschatten stärker hervor, Gelb und Ro
Leonardo da Vinci in seinem *Trattato*. Das kommt daher, dass unte
die farbempfindlichen Zapfen angesprochen werden, die für Gelb an
Licht sehen wir dagegen mit Hilfe der auf Hell-Dunkel reagierender
sonnter Gartenpartien setzt der Leuchteffekt von Blau daher ein Ende

Im Halbschatten gedeihen besonders viele blaue Schätze, und das vom Frühjahr bis zum Herbst. Den Auftakt bilden Veilchen *(Viola odorata* und *V. labradorica)* und Leberblümchen *(Hepatica nobilis)*, dicht gefolgt von Lungenkraut *(Pulmonaria angustifolia* und *P. longifolia)*. Zahlreiche Zwiebelblumen läuten die Hochsaison im Unterholz ein, bis Glockenblumen *(Campanula poscharskyana, C. latifolia* var. *macrantha* und *C. trachelium)* den Ton angeben. Wie die meisten Schattenpflanzen lieben auch sie einen humosen, feuchten Boden. Im dichten Wurzelfilz alteingewachsener Bäume wird es dagegen für alle Unterholzbewohner schwierig, Fuß zu fassen. Am besten wachsen Gehölze und Stauden zusammen, wenn sie gemeinsam groß werden können. Nachträglich gepflanzte „Untermieter" benötigen einen gut vorbereiteten Boden. Ideal ist kompostiertes Laub (außer gerbstoffhaltigem Eichen- und Wal-

und Weiß hingegen im Licht", schrieb
normalen Lichtverhältnissen im Auge
empfindlichsten sind. Bei schwachem
Stäbchen. Dem Schattendasein unbe-

nusslaub). Hier fühlen sich Himalaya-Storchschnabel *(Geranium himalayense* 'Gravetye') und Waldstorchschnabel *(G. sylvaticum* 'Mayflower')* wohl. Waldphlox *(Phlox divaricata)* verwebt sich mit anderen Bodendeckern zu blau gemusterten Teppichen. Als Gobelin im Streulicht präsentiert sich der spektakuläre Himalayamohn *(Meconopsis betonicifolia).* Vom Sommer bis in den Herbst setzen Eisenhüte *(Aconitum)* ihre blauen Helme auf. Als blaue Nachhut säumt die Lilientraube *(Liriope muscari)* absonnige Plätze.
Wirklich tiefen Schatten vertragen nur wenige Pflanzen: unter den Blaublütigen das robuste Immergrün *(Vinca).* Allerdings werden die Blüten, wie bei allen Pflanzen, umso spärlicher ausfallen, je tiefer sie im Schatten stehen. Von hohen Mauern und alten Bäumen umgebene Stellen sind oftmals zu dunkel für Pflanzenwachstum. Hier können lichtblaue Deko-Elemente, wie Kugeln, aufhellen.

Blausternchen (Scilla) *spitzen aus der Baumhöhle: Als Zwiebelblumen gehören sie zu den ersten Pflanzen, die aus dem Winterschlaf erwachen und zu den wenigen, die dem Wurzelfilz von Bäumen trotzen.*

Im März rollen Blausternchen (Scilla siberica) ihren blauen Blütenteppich unter und vor Gehölzen aus.

Schattenplätze in der Farbe der Romantik

Schattengärten werden oftmals als Problembereiche angesehen. Dabei wohnt den Garteneckchen im Dämmerlicht eine märchenhafte Stimmung inne, wenn man sie mit elfengleichen Blumen wie Akelei (*Aquilegia*-Hybride 'Blue Star') ausstattet (▲).

Viele Schattenpflanzen blühen im Frühling. Um das ganze Jahr ein ansprechendes Bild zu erzeugen, sollte man daher auf Blattschmuck achten. Zahlreiche bodendeckende Pflanzen tragen ein hübsches Blattkleid. Einige sind sogar winter- oder immergrün. Einer der anspruchslosesten Bodendecker, selbst für tiefsten Schatten, ist das Immergrün *(Vinca minor)* mit seinen leuchtend blauen Blüten (◄).

Da Blau im Zwielicht stärker zutage tritt als andere Farbtöne, bieten sich blau gestrichene Gartenmöbel für schattige Terrassenplätze an (►). In heißen Sommern ist man dankbar für die kühlen Sitzecken im Garten. Interessante Verlegearten, die Moos die Chance lassen, samtige Läufer zwischen den Platten auszubreiten, ersetzen spektakuläre Farbeindrücke. Stein und Pflanze bilden eine Einheit. Amphoren und Töpfe runden das Bild ab. Im ungezwungenen Ambiente bleibt Platz für Liebhabereien wie den selbstgeschnitzten Hocker.

Blaue Blickfänge

Mit den Blickfängen ist es wie mit dem Osternester-Suchen. Neu
den Garten. Die Spannung wächst und der Überraschungseffekt is
Auge springt. Blau wirkt besonders anziehend. Den besten Bewei:
liche Seidenlaubenvögel staffieren ihr Nest mit allem aus, was blau
blaue Glasscherben zieren die Liebeslaube, mit der der Vogel erfolg

„Eye-catcher" im Garten wie Skulpturen, Brunnen und andere
Architekturelemente kannten schon die Römer. Mit ausgefeilten
Details dokumentierten wohlhabende Villenbesitzer ihren
Reichtum. Grotten, in denen Szenen aus Homers Werken insze-
niert wurden, sollten von der Bildung ihrer Besitzer zeugen.
Heute dienen Blickfänge vor allem dazu, eine wohnliche Atmo-
sphäre im Garten zu verbreiten. Dabei verbindet sich häufig das
Nützliche mit dem Dekorativen. Anstelle eines rein praktischen
Kunststoffstuhls oder -tisches zieren ausgefallene und farblich
abgestimmte Gartenmöbel den Sitzplatz.
Am Ende einer Sichtachse platziert wirken blaue Pavillons, Lau-
ben und Gazebos besonders eindrucksvoll. Die blaue Bank lenkt
nicht nur die Blicke auf sich, sondern auch die Schritte des Betrachters in ihre Richtung und lädt dazu ein, sich hier ein wenig

...gierig wie ein Kind geht man durch ...groß, wenn der farbige Schatz ins ...dafür liefert die Natur selbst: Männ... ...ist: Federn, Blüten, Früchte, selbst ...reich um sein Weibchen wirbt.

Standvögel für den Garten: Aus frostfester Keramik gebrannt, bleiben die lustigen Blickfänge auch im Winter an Ort und Stelle.

auszuruhen. Ausgedientes erwacht zu neuem Leben, wenn man es blau anstreicht. Im Garten verwendet man witterungsbeständige Farbe. Den Wunschton kann man sich im Farbengeschäft mischen lassen. So erinnert der Geräteschuppen im gustavianischen Graublau an den letzten Skandinavienurlaub und die marineblau gestrichene Kletterhilfe an den Mast eines Segelschiffs.

Kunstobjekte wie Skulpturen, Steinkugeln und Ziervasen überzeugen, wenn sie im Einklang mit ihrem Umfeld stehen, beispielsweise eine blaue Sonnenuhr im sonnig gelben Blumenbeet.

Viele Blickfänge sind Erinnerungsstücke, die man von Reisen mitgebracht, geschenkt bekommen oder auf besondere Weise erstanden hat. Sie sollen einen gebührenden Platz im Garten finden. Mit Pflanzen und anderen Accessoires liebevoll arrangiert, schaffen sie jene persönliche Atmosphäre, die jeden Garten so einmalig macht.

Herzlich willkommen und hereinspaziert

Blaue Tore inmitten des Gartengrüns sind ein fröhlicher Blickfang. Wo der Eingang im Lattenzaun liegt, wird durch die Erhöhung des Tores zwischen den massiven Lärchenholzpfosten sofort sichtbar (▲). Links und rechts darf Storchschnabel *(Geranium macrorrhizum* 'Ingwersen') unter dem Zaun hindurchkriechen. Zum rustikalen Holzzaun passt der natürliche Umgang mit den bodendeckenden Pflanzen.

Im ländlichen Bereich fügen sich Holzzäune meist besser ins Gesamtbild der Umgebung als schmiedeeiserne Einfriedungen. Stimmig kann auch eine Kombination aus Mauerwerk und Holztor wirken (◄).

Die Torbogenvariante bietet Kletterpflanzen Platz (►). Wer spezielle Vorstellungen hat, stellt sich sein Zaunensemble aus verschiedenen Elementen zusammen. Bei handwerklichem Geschick wird der Eingangsbereich in Eigenbau gezimmert. Kesseldruckimprägniertes Holz garantiert Langlebigkeit. Ein Bodenabstand des Zauns von fünf Zentimetern verhindert, dass die Latten morsch werden. Bei der Durchgangshöhe des Tores ist zu beachten, dass auch große Menschen keinen Bückling davor machen müssen.

Sitzplätze: Raststätte mit Gartenblick

Was braucht der Sitzplatz zum Lauschigsein? Rückendeckung, beispielsweise in Form einer berankten Mauer, ein nettes Ambiente, das sich mit mobilem Grün, wie es Topfpflanzen bieten, arrangieren lässt, und eine bequeme Bank, am besten mit Sitzpolster in der Lieblingsfarbe (▲).

Wer will da noch in den Urlaub fahren? „Reise doch, bleibe doch", lautet ein Ausspruch Karl Foersters, der das Dilemma vieler Gartenbesitzer widerspiegelt. Einerseits bietet der Garten gerade in der Hauptreisezeit die schönsten Ausblicke, andererseits sucht man Anregungen aus aller Herren Länder. Die Liebe zu einem Urlaubsland kann die Gartengestaltung maßgeblich beeinflussen. Samos-Blau ziert Pergola und Sitzplatz dieses Gartens (◄). Die Holzkonstruktion der Rankhilfen wirkt wie ein Bilderrahmen für das dahinter liegende Blumenbeet voller Dahlien und Herbstastern. Aufgrund seiner Leuchtkraft eignet sich Blau sehr gut als Farbtupfer. Zwischen Gräsern kann es seine strahlende Wirkung voll entfalten und erscheint umso spektakulärer (►). Der Gegensatz zwischen filigranen Wedeln, papierartiger Textur und flächig glasierten Gefäßen samt Kugel weckt das Interesse des Betrachters.

Schwelgen im Blau: Korbweise Herbstenzian (Gentiana sino-ornata) vor Kleinstrauch Bartblume (Caryopteris x clandonensis) und Ballhortensie (Hydrangea macrophylla)

Liebevolle Details schaffen Atmosphäre

Viele Bambusgräser bilden starke Ausläufer, die den Rahmen eines kleinen Gartens schnell sprengen können. Eine Möglichkeit, die Wucherer im Zaum zu halten, sind Rhizomsperren, die mit dem Einpflanzen eingesetzt werden. Eine andere Art ist die Topfkultur. In frostfesten, blauen Keramikkübeln überwintern die immergrünen Blattschmuckpflanzen ohne Probleme (▲). Die idealen Gesellen für halbschattige Lagen werden so zum Hingucker auf Ostbalkon und Nordwestterrasse.

Wer zweckmäßige, aber unschöne Plastikgießkannen nicht mag, sollte in nostalgische Messing- oder Zinkgießkannen investieren. Englische Modelle mit dem handlichen Bügelgriff gibt es in „British racing green" und „royal blue". Wie zufällig am Obstbaum neben dem farblich harmonierenden Storchschnabel *(Geranium magnificum)* abgestellt, ist das königsblaue Modell ein echter Blickfang (◄).

Nicht immer muss es das Edle sein, das die Blicke auf sich zieht. Selbst bemalte Tontöpfe sind genau das Richtige, wenn sich die Duftpelargoniensammlung „in Schale wirft". Die Stufen der Stiege ersetzen teure Etageren (►). Eine Höhenstaffelung bringt Topfpflanzen besser zur Geltung und spart außerdem Platz.

Gastlichkeit in Blau

Warum nicht einfach mal „blau machen“: vom Alltag entspannen Ambiente feiern. Was von der Färberzunft herrührt – nach dem sams sonntäglichem Einweichen der Stoffe und anschließendem Aufhängen blau, sodass die Färber am Montag frei hatten –, könnte Motto fü den man sich gönnt, um mit Freunden den Garten zu genießen.

Anlässe zum Feiern finden sich immer: Tradition hat die Suche nach den ersten Frühlingsboten. Um 1300 lud der Wiener Hof zum Fest der Veilchensuche in die Donau-Auen ein. War das erste Veilchen gefunden, durfte eine Jungfrau das Symbol der Bescheidenheit pflücken. Von den zarten Violen benötigt man eine ganze Menge, um eine Tafel festlich zu schmücken.

Üppiger fallen die Dekorationen mit blauen Blumen der Sommermonate aus. Schon ein paar Rispen des Rittersporns oder ein emaillierter Kübel voll Marienglockenblumen oder Lupinen füllen den Raum mit ihrem Blau und laden zum Geburtstagsfest oder anderen festlichen Gelegenheiten ein.

Vielleicht ist die erfolgreiche Blaubeerernte ein Grund zum Feiern. Blaue Beeren sind ein ebenso großer Augen- wie Gaumenschmaus. Blaubeermuffins umringen eine Schüssel voll Heidelbeeren mit

Kulturaustausch: Brotzeit auf der Tischdecke im Schwedenstil mit Wasserflaschen aus Wales.

abschalten und im beruhigend blauen täglichen Ansetzen der Küpe, nach färbte der Färberwaid an der Luft einen beliebigen freien Tag werden,

Sahnehäubchen. Aus einem korbgeflochtenen Füllhorn purzeln die ersten Pflaumen auf den Kaffeetisch. Oder wie wäre es mit einer Einladung zur Blauen Stunde, der „Stunde, wo der Himmel soeben die Sonne verloren und die Sterne noch nicht gefunden hat", wie Jacques Guerlain die Stimmung umschreibt, die ihn zur Kreation seines Parfüms „L'Heure bleue" inspirierte? Im Mondscheingarten sorgen violettgetönte Nachtdufter für Wohlgerüche: Heliotrop verströmt Vanilleduft, Nachtviolen erinnern an Gewürznelken. Natürlich muss man darauf gefasst sein, dass Gäste an solch einladenden Plätzen besonders viel Sitzfleisch beweisen. Leuchten rings herum helle Pflanzen, geht es ihnen so, wie Karl Foerster es von Hellblau berichtet: „Bis spät in klare Abende hinein, also bis um zehn Uhr, wenn andere Farben schon schlafen, können sich manche helleren Blau noch nicht vom Tage trennen...".

Blaue Stunde
und andere Anlässe

Viel Dekoration für wenig Arbeit: Lässt man dreifarbige Horn-veilchenblüten, nachtblaue Stiefmütterchen und Hyazinthen-glöckchen in einer Keramikschüssel voll Wasser schwimmen, ist der Blumenschmuck im Handumdrehen arrangiert (▲).

Das passende Geschirr für Gartenfeste hat die Keramikerin ange-fertigt (◄). Anstelle der Tischdecke ist ein Mosaik eingelegt wor-den. Die Intarsien aus Keramiksteinchen sind ebenso pflegeleicht wie wirkungsvoll. Die schweren Tische zeigen sich besonders standfest. Allerdings sollte man auf einen ebenen Untergrund ach-ten. Gegebenenfalls legt man Holzscheiben unter. Das verhindert das Einsinken von Tisch und Stuhl auf dem Rasen.

Während der Freisitz bei Sonnenschein angesagt ist, lässt sichs im überdachten Raum sogar bei einem Sommerregen gemütlich fei-ern. Zum Garten hin offen, lädt solch ein Plätzchen noch ein, wenn die Abende schon wieder kühler werden (►). Halb Wohn-stube, halb Gartenzimmer, bieten solche geschützten Winkel Raum für allerlei Andenken und Accessoires wie blaue Glasfla-schen, Großmutters Porzellandosen und Kerzenständer. Passend zum Mobiliar wurde die Tür des Backofens blau gestrichen. Schmuckhaftes Blau braucht nicht viel Drumherum.

Das blaue Band des Frühlings

Zarte Elfenkrokusse strecken ihre Köpfchen durch den tauender Hummeln in die Blütenkelche. Am liebsten möchte man es ihner Meer von Hyazinthen, Frühling schlürfen wie süßen Nektar. Nach vielen blaublütigen Blumen, allen voran die reiche Palette an Zwiebel kommen: Der Frühling hält Einzug in die Gärten.

„Frühling lässt sein blaues Band wieder flattern durch die Lüfte", beginnt Eduard Mörikes berühmtes Gedicht. Gärtner richten ihren Blick jetzt vermehrt gen Boden. Denn hier sprießen ab März blaue Blüten am laufenden Band. Vor und zwischen Gehölzen beleben besonders viele Blaublütige den Garten. So früh im Jahr macht ihnen noch keiner den Platz an der Sonne streitig. Bis das lindgrüne Blätterdach von Baum und Strauch gedeckt ist, tummeln sich Lerchensporn (*Corydalis cava*) und Gedenkemein (*Omphalodes verna*) im Unterholz. Hellviolette Strahlenanemone (*Anemone blanda*), porzellanblaue Puschkinie (*Puschkinia scilloides*) und all die anderen Zwiebelblumen ziehen sich als blauer Strom durch den Garten. In Bändern oder Tuffs gesetzt, kommen die Frühlingsboten erst richtig zur Geltung. Wildhafte Zwiebelblumen wie Schneeglanz (*Chionodoxa luciliae*), Trauben-

Schnee. Emsig stürzen sich pelzige
gleichtun: Eintauchen in ein blaues
den langen Wintermonaten lassen die
blumen, keinen Zweifel mehr auf-

hyazinthe *(Muscari armeniacum)* und Blausternchen *(Scilla siberica)* eignen sich für flächige Pflanzungen. Sie vermehren sich durch Brutzwiebeln und Samen, sodass die Bestände von Jahr zu Jahr größer werden. Zum Verwildern im Rasen sollte man möglichst früh blühende Zwiebelblumen wie Elfenkrokus *(Crocus tommasinianus)* wählen, damit das Laub bereits wieder eingezogen ist, wenn der erste Rasenschnitt anfällt.

Aus den absterbenden Blättern zieht die Zwiebel ihren Stärkevorrat für die nächste Blütensaison. Wer die Natur walten lässt, bringt es vielleicht bis zum blau übersäten Hasenglöckchenwald *(Hyacinthoides non-scripta)*, wie er in England wild vorkommt. Doch man muss keine Parkanlage besitzen, um in den Genuss der Zwiebelwunder zu kommen. Auch auf Balkon und Terrasse hält der Frühling Einzug in Kübel und Kasten.

Bevor das eigentliche Blütenspektakel der Magnolie beginnt, tragen Puschkinien und Krokus den Zwiebelblumen-Prolog vor.

So legt man eine Osterwiese an: Krokusse im Herbst doppelt so tief setzen, wie die Zwiebel groß ist. Dazu Grassode mit einem Spaten ausstechen, abheben, den Boden darunter lockern, Zwiebeln setzen und Rasenstück wieder einpassen.

Elfenkrokus
(Crocus tommasinianus)

Krokusse sind Frühaufsteher, die ab Februar für die ersten Farbeffekte im Garten sorgen. Der zarte Elfenkrokus eignet sich ideal zum Verwildern. Da er früh wieder einzieht, ist er auf Rasenflächen ebenso beliebt wie im Blumenbeet. Gepflanzt wird ab Ende September bis November, am besten bevor lange Schoße an den Knollen erscheinen, die sehr empfindlich sind.

Netziris
(Iris reticulata)

Von Himmelblau (im Bild 'Harmony') bis Violett reicht die Sortenvielfalt der 8 bis 10 cm hohen Zwiebeliris. Ihre Hängeblätter unter dem blauen Dom können gelb oder orange gezeichnet sein. Mit der Blütezeit im März schieben sich nadelartige Blätter nach oben. Die Duftgewächse lieben sonnige, warme Standorte, wie im Steingarten zwischen Primelpolstern.

Leberblümchen
(Hepatica transsylvanica)

Im März beginnt die Blütezeit der staudigen, bodendeckenden Leberblümchen, danach erscheinen die dekorativen, eingebuchteten Blätter. Etwas früher als die einheimische Art *(Hepatica nobilis)* blüht das anspruchslosere Leberblümchen aus Siebenbürgen. Ideale Standorte sind kalkhaltige Waldhumusböden in Halbschatten bis Schatten.

Strahlenanemone
(Anemone blanda)

Der „Sternenhimmel" an Blüten im Frühlingsgarten steht ganz im Zeichen der 10 bis 15 cm hohen Strahlenanemone. Die Sorten der Knollenpflanzen lassen sich sehr schön mischen und eignen sich für Beet, Balkonkübel und zur Verwilderung auf sonnigen Plätzen gleichermaßen. Eine schützende Laubdecke bringt sie über die kältesten Winter.

Hyazinthe
(Hyacinthus orientalis)

„Das Parfüm" unter den duftenden Frühlingsblumen ist zweifellos die Hyazinthe. Für jedes Farbkonzept lässt sich eine passende Sorte finden (im Bild 'Atlantic'). Bedeutung hat die Zwiebelblume als Topf- und saisonale Beetpflanze in repräsentativen Anlagen erlangt. In sonnigen, trockenen Rabatten können einige Sorten aber auch über mehrere Jahre gedeihen.

Blausternchen
(Scilla siberica)

Eine der dankbarsten und beliebtesten Frühlingsblumen ist das Blausternchen – ob zum Verwildern für große Flächen, als Farbtupfer im Beet mit Narzissen oder zarte Begleiterin im Topf. An leicht beschatteten, nicht zu trockenen Stellen fühlen sich die 10 bis 15 cm hohen Zwiebelblumen am wohlsten und samen sich dort willig selbst aus.

Frische Sommerbrise

„Trarira, der Sommer, der ist da!", singen die Kinder und die Er
den Garten und wolln des Sommers warten...". Doch bevor ma
kann, hat man mit Gießen, Unkraut Jäten und Aufbinden all
man bei der Gartenarbeit gerne. Und für die nötige Erfrischun;
Sommerblumenbeet.

Im Mai nach den Eisheiligen gepflanzt, sind blauer Mehlsalbei
(Salvia farinacea), mittelblaues Leberbalsam (Ageratum houstonianum), violett bis rosa getöntes Eisenkraut (Verbena-Hybriden)
und Spinnenpflanze (Cleome hassleriana) im Sommer schon
prächtig zusammengewachsen. Und auch himmelblaue Jungfer im
Grünen (Nigella damascena), die sich selbst ausgesät hat, passt
dazu. Will man den Nordseeurlaub im Garten verbringen, steht
ein Strandkorb mit blau-weiß gestreiften Polstern hinter dem
Blütenmeer der Einjährigen richtig.
In südliche Gefilde wird man vom Duft des Lavendels (Lavandula)
versetzt. Sommerliche Hitze entlockt den Aromapflanzen ätheri-
sche Öle. Wer das nächste Wellness-Wochenende lieber zu Hause
als in einem teuren Kurort verbringen will, pflanzt sich seine pri-
vate Aromatherapie in Blau: Ysop (Hyssopus officinalis) fördert

vachsenen fallen ein, „wir wollen in
ichs auf der Terrasse bequem machen
Hände voll zu tun. Natürlich schwitzt
orgen ja die kühlen Blautöne im

*Nistmöglichkeit für
Keramikvögel: Lobelien
(Lobelia erinus) und
Fleißige Lieschen
(Impatiens walleriana)*

die Konzentration, Rosmarin *(Rosmarinus officinalis)* vertreibt
Müdigkeit, von Salbei *(Salvia officinalis)* heißt es schon bei Walahfried Strabo* „hilfreich ist er befunden in den meisten Krank-
heiten der Menschen“, und Steinquendel *(Calamintha nepetoides)*
duftet nicht nur für Bienen gut. Mauern und Wälle oder Senk-
gärten halten den Duft und speichern die Wärme. Das steigert die
Duftproduktion. Ebenso sonnig lieben es die meisten Einjährigen.
Auf Balkon und Terrasse, die nach Süden oder Westen ausgerich-
tet sind, heißt dies neben der traditionellen Kastenbepflanzung:
grünes Licht für blaublütige Ampeln. Mit Gauchheil *(Anagallis
monellii)*, Elfenspiegel *(Nemesia fruticans)*, Fächerblume *(Scae-
vola saligna)* und Hängepetunie 'Million Bells' *(Calibrachoa-
Hybriden)* hat man stets einen blauen Himmel über „Balkonien“.

* *Walahfried Strabo (808–849), deutscher Theologe und Dichter*

Sanft wiegt sich die Mähnengerste (Hordeum jubatum) im Sommerwind. Wie ein Segel hat sie ihre fächerförmige Ähre ausgebreitet und treibt auf dem blauen Meer von Ehrenpreis (Veronica longifolia 'Blaubart').

Die Leichtigkeit
von Sommerblau

Das Bankgeheimnis wird gelüftet: Ein frischer Anstrich möbelt fast vergessene Einzelstücke wieder auf (▲). Der Generationentreff aus einem alten Bauernhof erhält neue Aufgaben. Denn Bänke sind ja nicht nur zum Sitzen da: Als Ablagefläche für die Gartenschere, Zwischenlager für die Kräuterernte oder als Sideboard für dekoratives Steingut, entpuppt sich die Bank als unverzichtbares Element im Garten.

Das Auge erfreut sich an Farbharmonien, wie sie den Sommer hindurch blauer Salbei *(Salvia nemorosa* 'Blauhügel'*)* und goldgelber Alant *(Inula salicina)* im Sonnenbeet zusammenmischen (◄). Schneidet man verblühte Salbeikerzen zurück, bringen sie einen Nachflor.

Walter Gropius, dessen Bauten und Gedankengut richtungweisend für die moderne Architektur waren, sagte einmal: „Bei der Planung unterscheide zwischen absolut Erforderlichem und dem eher Nebensächlichen." Doch er fügte hinzu: „Und vergiss nicht, dass Schönheit ein Grundbedürfnis des Lebens ist." Zu den Liebhabereien könnte man kunstvolle Tonfiguren wie diese Maid zwischen Rosenblüten *(Rosa* 'Schneewittchen'*)* zählen (►).

Herbst und Winter

Wenn sich die ersten Nebelschleier über die Beete legen und die Trauben
mand mehr das Blaue vom Himmel herunterversprechen. Der Herbs
und Gelb daher. Und doch findet man noch ein paar blaublütige Kost
Farbe Blau mit Blaukrautköpfen, Zwetschgen und Rebensaft stark in
Brombeermarmelade im Vorratsschrank, kann der Winter kommen und

Doch bevor der Garten winterfest gemacht wird, lädt das herbst-
liche Asternbeet zum Sträuße Pflücken ein. Besonders Erikaastern
(Aster ericoides 'Blue Star') eignen sich mit ihren filigranen
Rispen für die Blumenbinderei. Unter den zirka einen Meter
hohen Glattblattastern *(Aster novi-belgii)* blühen 'Blaue Nachhut'
hellblau, 'Schöne von Dietlikon' violettblau und 'Dauerblau' zeigt
eine hellblaue Blüte. Unter den hohen Raublattastern *(Aster
novae-angliae)* sticht 'Barr's Blue' hervor. Bei den Kissenastern
(Aster dumosus) haben sich hellblaue 'Blaue Lagune', leuchtend-
blaue 'Professor Anton Kippenberg' und dunkelblaue 'Augen-
weide' bewährt. Rittersporn steuert sein Blau in einem Nachflor
bei. Die enzianblauen Blüten des bei uns einjährig kultivierten
Salbeis *(Salvia patens)* können den ersten leichten Nachtfrösten
entkommen und reinblauer Bleiwurz *(Ceratostigma plumbaginoi-*

an der Südwand gereift sind, wird nie-
kommt vornehmlich in Rot, Orange
barkeiten, und beim Erntesegen fällt die
Gewicht. Stehen Holundersirup und
den Garten in sein eisiges Blau hüllen.

des), den man in rauen Lagen mit Reisig abdecken sollte, macht
Karriere als Topfpflanze. Auch Herbstenzian *(Gentiana sino-
ornata)*, Kissenaster und Zierkohl *(Brassica oleracea)* lassen sich
variationsreich mit silberlaubigen Pflanzen und auflockernden
Gräsern kombinieren. Als Türsteher und Terrassengestalter lie-
fern sie beredtes Zeugnis herbstlicher Fülle.
Jetzt spricht uns der Dichter Conrad Ferdinand Meyer aus der
Seele: „Genug ist nicht genug! Gepriesen werde der Herbst.“
Unter der Schirmherrschaft von Bacchus, alias Dionysos, Gott des
Weines, der Vegetation und Baumzucht, tankt man noch einmal
Frohsinn. Die blauen Windlichter vom Gartenfest können über
den Winter stehen bleiben und tragen, wie das selbst gemischte
Potpourri aus getrockneten Kugeldisteln und pink-blauen Arti-
schockenfruchtständen, Licht und Sonne ins nächste Jahr.

*Noch sind die Mohn-
kapseln voll und frisch.
Leere Kapseln galten
den Griechen einst als
Sinnbild des Morpheus,
Gott der Träume.*

*Weiße Silberkerzen (Cimicifuga simplex 'Armleuchter')
vor blauem Eisenhut (Aconitum x arendsii) setzen im
Spätherbst die letzten Lichteffekte in schattigen Partien.*

In der Fülle
des Herbstes schwelgen

Während die Sommermonate große runde Pflaumen beschert haben, lässt der Herbst violettblaue, kleinere Zwetschgen reifen (▲). Aus ihnen wird der „Datschi" gebacken, der zum privaten Oktoberfest im Garten einlädt.

„Pferd und Wagen" haben mit Eisenhut Einzug gehalten. So jedenfalls deutete der Volksmund den Blütenaufbau des giftigen Herbstblühers. Dieses Exemplar *(Aconitum carmichaelii)* stammt ursprünglich aus Mittelchina und zeichnet sich durch seine kopfartig gedrängten Blütenstände aus (▶). Wie alle Eisenhutarten liebt er halbschattige Standorte in einem kühlen, frischen Boden und eignet sich daher als Gehölzrandpflanze oder als Strukturgeber in naturnahen Anlagen. Kombiniert mit anderen Herbstblühern wie Wildastern und Silberkerzen, zelebrieren die Blaublütigen im Staudengarten einen zweiten Blütenhöhepunkt im Jahr. Azurblau erstrahlt der bodendeckende Bleiwurz *(Ceratostigma plumbaginoides)* (◀).

Färbt sich die teppichbildende Staude im Herbst bronzefarben bis scharlachrot, kann man noch einmal so richtig im Überfluss schwelgen. Zu einem richtigen Oktoberfest gehört eben auch der Rausch – und wenn es ein Farbenrausch ist.

Der Garten kleidet
sich winterlich

Polarfüchse im Süden Grönlands tarnen sich mit einem bläulichen Winterfell. Den Pelz legen sich die Überlebenskünstler gegen klirrende Kälte zu. Gartenpflanzen müssen dagegen auf eine schützende Schneedecke hoffen.

Bei kaltem Licht erscheint die Flockendecke in eisigem Blau (▲) und zeichnet die Konturen des Buchsbaumgärtchens nach. Im Winter treten die Vorzüge formaler Gartengestaltung augenscheinlich zu Tage. In Form geschnittene Gehölze wie Buchs und Eibe haben jetzt ihren großen Auftritt.

Wo Blütenfarbe fehlt, gewinnen Strukturen an Bedeutung. Frostfeste Keramik-Accessoires halten die Stellung in kahlen Beeten (◄). Wer sich bei den herbstlichen Aufräumarbeiten für einen Frühjahrsputz entschieden hat, freut sich mit den Vögeln und anderen Insekten an den letzten Fruchtständen. Erst wenn schlechte Wetterverhältnisse standfeste Staudenskulpturen und Gräser umgeknickt haben, wird eingegriffen.

In direkter Sichtweite vom Haus, beispielsweise beim Ausblick aus dem Wohnzimmerfenster, sind immerwährende Blickfänge gerade im Winter gut platziert. Bewunderung erntet der Kugelfisch mit Schneehaube und Eisgehänge (▶).

Adressen

Gisela Engelmayer
Keramikwerkstatt
D-87487 Wiggensbach/Ermengeist
S. 38/39

Gärtnerei Gaißmayer
D-89257 Illertissen
S. 7

Friedrich Hechelmann
Maler
D-88316 Isny
S. 52/53

Hesperiden-Garten
Schnaitterhof
D-93173 Regensburg/
Wenzenbach
S. 35, 95

Maria Klaus
Gartengestaltung,
D-82296 Schöngeising
S. 59

Koch+Koch
Garten- und Landschafts-
architekten
D-82319 Starnberg
S. 21, 28, 29

May-Garden
Gärtnerei
D-34123 Kassel-Waldau
S. 14 u, 65, 66/67, 68 o, Titel

Brigitte Peglow
Keramikwerkstatt
D-85737 Ismaning
S. 61, 64 o, 81, 85, 92 u, 93

Andrea Platten, Peter Burkhardt
Keramik
D-87480 Weitnau
S. 13, 17, 72 u, 90 o,

Doris Prütting
Malerin
D-85276 Pfaffenhofen-Göbelsbach
S. 62 u, 73

Andrea Rosenberg
Pompejanische Gartenmalerei
D-81667 München
S. 26 u, 27

Yvonne von Scheffer
Naturnahe Gärten
D-86911 Diessen
S. 63

Staudengärtnerei
Gräfin von Zeppelin
D-79295 Sulzburg
S. 2/3, 15, 20 u, 45 o, 68 u, 94

Autorin und Fotografin danken
herzlich allen Gartenbesitzern und
den Planern und Gärtnern des
Staudengartens in Weihenstephan
und der Insel Mainau.

Bildnachweis

Alle Bilder von Christa Brand, München

Literaturnachweis

Birkhofer, Gerhard: *Phänomen Farbe*, Frankfurt, 1995
Dahl, Jürgen: *Der neugierige Gärtner*, München, 1998
Foerster, Karl: *Blauer Schatz der Gärten*, Leipzig, 1940
Jelitto/Schacht/Fessler: *Die Freiland Schmuckstauden*, Stuttgart, 1990
Lawson, Andrew: *Das Gartenbuch der Farben*, Hamburg, 1997
Lochmann, Angelika und Overath, Angelika (Hrsg.): *Das blaue Buch*, Nördlingen, 1988
Staiger, Emil: *Goethe und das Licht*, München, 1982
Staudengärtnerei Gräfin von Zeppelin: *Jubiläumskatalog 2001/2002*

Staudengärtnerei Klose: *Stauden-Katalog Nr. 13*
Staudengärtnerei Peters: *Staudenkatalog 2000*
Theroux, Alexander: *Blau – Anleitung eine Farbe zu lesen*, Hamburg, 1998
Urban, Helga: *Ein Garten der Düfte*, München, 1999
Verey, Rosemary: *Formen & Farben im Garten*, Ravensburg, 1991
Warda, Hans-Dieter: *Das große Buch der Garten- und Landschaftsgehölze*, Bad Zwischenahn, 1998

Impressum

© 2001 Verlag Georg D.W. Callwey GmbH & Co. KG,
Streitfeldstraße 35, D-81673 München
www.callwey.de
E-mail: buch@callwey.de

Die Deutsche Bibliothek – CIP-Einheitsaufnahme
Ein Titeldatensatz für diese Publikation ist bei
Der Deutschen Bibliothek erhältlich.

ISBN 3-7667-1481-3

Das Werk einschließlich aller seiner Teile ist urheberrechtlich geschützt. Jede Verwertung außerhalb der engen Grenzen des Urheberrechtsgesetzes ist ohne schriftliche Zustimmung des Verlages unzulässig und strafbar. Das gilt insbesondere für Vervielfältigungen, Übersetzungen, Mikroverfilmungen und die Einspeicherung und Verarbeitung in elektronischen Systemen.

Litho, Druck und Bindung: Fotolito Longo, Bozen
Printed in Italy 2001

Garteninspirationen

Die Spielgefährten des Windes! Dieses Buch präsentiert wunderschöne Gräsergärten und zeigt, wie Ziergräser in den verschiedensten Gartensituationen eingesetzt werden können. Ein faszinierendes Gartenbuch für alle, die unkomplizierte und wirkungsvolle Pflanzen lieben und neue Ideen suchen.

Kathrin Hofmeister/Christa Brand/Gisela Caspersen
Gräsergärten
96 Seiten, 100 Abbildungen.
ISBN 3-7667-1482-1

Ob Schau- oder Sitzplätze, Pflasterwege oder Mosaikkunst - Pflaster und Mosaik sind eine Bereicherung für jeden Garten. Dieses Buch stellt die unterschiedlichsten Varianten vor und beschreibt ihre Entstehung. Mit Hinweisen zu den gängigsten Pflaster- und Mosaikmaterialien und geeigneten Formaten.

Heidi Howcroft/Christa Brand/Nik Barlo jr.
Fantasievolles Pflaster und Mosaik
96 Seiten, 100 Abbildungen.
ISBN 3-7667-1489-9